LES SOVSPIRS AMOVREVX De F. B. de Veruille.

Auec vn discours Satyrique de ceux qui escriuent d'Amour, par N. le Digne.

Plus vn recueil de diuerses Poësies, non encor' Imprimees.

A ROVEN,

DE L'IMPRIMERIE, DE Raphael du Petit Val, Libraire & Imprimeur ordinaire du Roy.

1606.

Auec Priuilege dudit Seigneur.

A celle qui a causé l'impression de ces souspirs.

MADAME, si quelquefois vous auez pris plaisir aux piteux accés des souspirs que ie tirois du plus prez de mon cœur, quand respirant heureusement la vie du bel œil qui me perce iusques à l'ame : ie vous tesmoignois la verité de ma passion, vous souuenant de ma fidelité, iettez a cette heure quelque petit regard r'adoucy sur les diuers pourtraits de mes affections : Et si iamais vous logeastes en vostre sang quelque douceur, receuez les aussi humainement, que i'ay eu de felicité a viure & mourir pour vous, que i'honoreray, tant que defaillant, ie me transformeray en l'essence du mesme amour que ie souspire pour vos beautez.

F. B. DE VERVILLE,

A

M. A. D' B.

IE meurs en despitant ma fortune aduersaire
Qui m'a fait naistre icy auec tant de malheur,
Qu'ayant vn grand courage enfermé dans mon cœur,
Ie ne me puis de moy, moy mesme satisfaire.

Vn trop braue desir par vn effect contraire
Me va tyrannisant auec trop de rigueur,
Et d'vn gentil penser i'assemble ma douleur
Par ce qui me fait estre & qui me vient deffaire.

Car i'auois bien-heureux protesté en mon ame
Qu'au lieu de soupirer mon amoureuse flame,
Ie dirois par mes vers vostre perfection.

Mais las ce grand suiet estonne ma puissance,
Et veut que seulement en toute obeissance
Ie vous offre les vœux de ma deuotion.

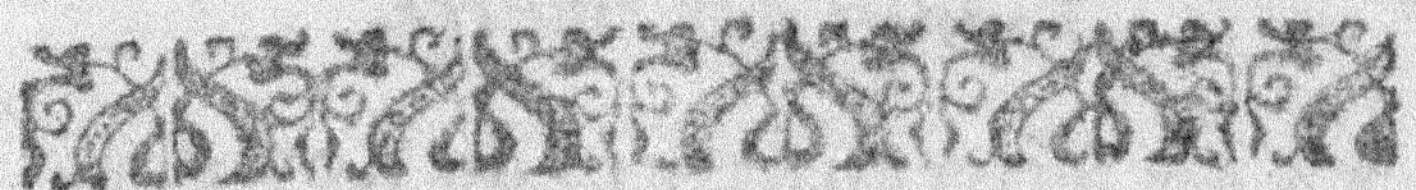

SONNET.

A. M. F. M. V.

Madame, ie puis bien comme miens vous offrir,
Ces soupirs qu'à vn autre Amour a fait escrire:
Puisque mon cœur pour vous ainsi que luy, souspire
Au mal, qu'Amour luy fit pour sa Dame souffrir.

Si sur eux vous daignez vos yeux aimez ouurir
Vous pourrez voir au vray cet amoureux martire:
Que mon cœur ne pouuant par ma bouche vous dire,
Par les escrits d'autruy vous vient or descouurir.

Peut estre dira-on, ce qui se dit souuent,
Que les souspirs d'Amour ne sont rien que du vent
Mais comme l'on voudra que l'estime on en face:

Ie seray satisfait pourueu que mes souspirs
S'ils sont vent estimez, soyent au moins les Zephirs,
Qui m'ameinent au port de vostre bonne grace.

R. D. P. Val.

Extrait du Priuilege.

PAR lettres patentes du Roy donnees à Rouen le quatriéme de Feurier, mil cinq cens nonante sept: Signees par le Roy estant en son Cõseil, Mauguin. Et seellees du grand seau en cire iaune sur simple queuë. Il est permis à Raphaël du Petit Val, Libraire & Imprimeur ordinaire du Roy en la ville de Rouen, d'imprimer ou faire imprimer quelques discours & Recueils, tant en Prose qu'en Poësie, de plusieurs sçauans hommes de ce temps, non encores imprimez, ainsi qu'il est plus amplement contenu audit Priuilege. Et faisons deffences à tous autres Libraires & Imprimeurs de ce Royaume, d'imprimer lesdites œuures, n'y exposer en vẽte, tãt en public qu'en particulier, contre la teneur des presentes pendant le temps & terme de dix ans, sur peine de cinquante escus d'amende despens, dommages & interests, comme plus à plain est porté esdites patentes: Et outre voulons & nous plaist qu'en mettant vn extrait dudit Priuilege, au commencement ou à la fin desdites œuures, il soit tenu pour deuëment notifié à tous Libraires, Imprimeurs, & autres. Car tel est nostre plaisir. Fait l'an & iour dessusdit.

LES SOVSPIRS AMOVREVX DE F. B. de Veruille.

I.

TANDIS que discourant en mon intelligence,
Ie cerche le destin qui me doit aduenir,
Ie cognoy que le ciel veut vn coup me tenir
Sous les heureuses loix de vostre obeissance.
Du sort, du ciel, d'amour l'infinie puissance
Me pousse, me contraint, & me force a venir
Où la diuinité voulut faire finir
L'influence ordonnee, au iour de ma naissance:
Tout est suiet icy à la fatalité,
Les astres guident tout, & l'amour indompté
Respand à son vouloir, par l'vniuers sa flame.
Puis doncques que le Sort, me tire à tel destin,
N'allez contre le Ciel pour empescher sa fin,
Mais permettez qu'Amour triomphe de mon ame.

II.

Iamais la douce ardeur d'vne si belle flame
N'auoit dedans mon sens allumé mon tison,
Iamais mon cœur captif en si belle prison
N'auoit logé le soin au plus beau de mon ame
Iamais aussi les yeux d'vne si belle dame
N'auoyent peu arrester mon humaine raison,

Iamais ie n'auois veu cette belle saison,
Qu'vn souspir amoureux doucement nous enflame.
Mon cœur dormoit encor, & mon œil se moquoit
Des puissances d'Amour, & quand il le voioit,
Il brauoit la fureur de ses flesches meurtrieres:
Mais enfin aux rayons de vos diuinitez
Il surprit mon esprit, & mes yeux indomptez,
Et les rendit captifs de vos belles lumieres.

III.

Ie sçay bien que le ciel en vous donnant la vie,
Ne mist en vos beautez rien qu'amour & douceur
Ie sçay bien qu'aux flambeaux qui d'vne belle ardeur
M'embrasent doucement, loge la courtoisie.
Mais helas! ie cognoy que mon ame asseruie
Sous les cruelles loix d'vn superbe vainqueur,
Qui sous le nom d'amour se cache dans mon cœur,
I'endure le tourment d'vne iuste furie.
Et pourtant au plus fort de mon affection,
Par trop impatien durant ma passion,
Au lieu de mon amour, ma peine ie souspire.
Pardonnez-moy madame, & en prenant pitié
De mon cœur pour loyer de ma sainte amitié
En vn meilleur espoir transmuez mon martyre.

IIII.

Ie meurs, helas! non fay, ie vis en esperance,
Helas ie ne vis pas, las! doncques ie me meurs,
Ie ne meurs pas aussi, mais par mille rigueurs
Madame fait essay de ma perseuerance.
Ie languis donc helas! & ma vaine constance
Me cause en bien-aymant tant de tristes douleurs,
Et sous le bel espoir de ses douces faueurs,
Ie sens d'vn feu cruel l'inhumaine puissance.

Ha ! i'ayme mieux mourir que viure en tel malheur
Non plustost ie viuray, portant dedans le cœur
L'attente d'vne mort qui termine ma peine.
Non ie ne viuray pas, mais passant entre-deux
Tant que le ciel voudra qu'icy-bas ie me traine
Ie viuray ou mourray comme voudront ses yeux.

V.

Saintement enflamé des rayons amoureux,
Dont l'eternel brasier donne essence à ma vie,
Ie sens dedans mon cœur vne agreable enuie,
Qui me fait desirer de viure langoureux :
Que ie languisse donc & que d'vn sort heureux
Leur feu dure tousiours en mon ame asseruie
Sous les cruels liens dont la douceur me lie
De ce nœud qui me fait de mon mal desireux.
Pour rien ie ne voudrois euiter cette peine
Que glissant dans mon sang, heureusement me gesne
Tant me sont doux les traits de vostre cruauté :
Aussi ie ne voudrois viure sans mon martyre,
Car mon contentement est lors que ie souspire
Pressé de passion seruant vostre beauté.

VI.

Amour qui de cent coups mon pauure cœur entame,
Cachant dedans mes os de ses flames l'ardeur,
Me fait de vains souspirs plaindre pour la rigueur
Des yeux dont les rayons donnent vie à mon ame :
Mes poumons consumez d'vne eternelle flame
Ne respirent cet air, qu'attendant le bon-heur,
Qui cruel m'abusant par vn espoir trompeur,
D'vn feu continuel dedans le sang m'enflame.
Et lors que pour tromper le soin qui me tourmente,
Ie vay cerchant l'obiet qui à mon cœur presente,

Auec tant de malheurs l'esperance de mieux.
   Celle dont obstiné la vie ie respire,
Prend plaisir à ma peine & voyant que i'empire,
Fait ignorer le mal que me causent ses yeux.

STANCES.

De mille coups mortels mon ame martiree,
Se plaint sous la rigueur de la flesche aceree:
Qu'amour trop inhumain cache dedans mon cœur,
Et remply de sanglos triste ie ne respire
Que l'air, ou mal-heureux ma peine ie souspire,
Attendant qu'vn bel œil termine mon mal-heur.
   Plain de soucis mordans ie sens dedans mes veines
Ces tourmens eternels des ennuyeuses peines
Dont l'ardeur renouuelle en mes os mon amour:
Et pleurant vers le ciel presque ie me despite
Qu'il m'a fait naistre icy en si peu de merite,
Que ie n'ose esperer que vous m'aymiez vn iour.
   Ha! mal-heureux destin, ha toy par trop cruelle,
Qu'il faut qu'en bien aymant deuot, humble, fidelle,
Ie ne puisse esperer vn doux semblant de mieux.
Helas! s'il faut que vous inhumaine & contraire
N'ayez pitié de moy, ny plaignez ma misere,
Pourquoy le ciel veut-il que ie brusle à vos yeux?
   Les cruels ennemis de ma triste pensee,
Et les attraits qui l'ont heureusement blessee
De contraires efforts s'agittent dedans moy:
Le desespoir me pousse a oublier ma flame,
Et vos perfections r'allument en mon ame,
Les gracieux effets d'vne amoureuse loy.
   Quand vn iour fauorable en ma peine fascheuse
M'asseure que vos yeux vous promettent piteuse,

Et qu'ingrate n'aurez mon seruice à mespris,
Vne gelante peur dedans mes os se verse,
Qui cruelle en vn coup tout mon bon-heur rẽuerse
Acheuant de meurtrir mes perissans esprits.
Mais quoy qu'en tel tourmẽt ma gesne se renforce,
Et qu'amour exerçant sa bourrelante force
Sur mes os, monstre en moy son plus cruel pouuoir,
Si seray-ie fidele, & ma perseuerance
Destournant mon ennuy plain de belle constance,
Je vous feray cognoistre vne fois mon deuoir.
Quoy que cent traits mortels d'vne horreur effroyable
Tourmentent en mon sang, ma vie miserable,
Que ie n'ose esperer en ma fidelité,
Vostre sage vertu dans mon cœur imprimee
Y sera sans changer saintement engrauee,
Autant que dans le Ciel sera l'eternité.
Et quand vous ne voudriez en vne amour commune,
Passer auecque moy nostre heureuse fortune,
Si est-ce que i'aurois du bien en mon soucy:
Car ce m'est beaucoup d'heur, que le Ciel ne permette
De vous oser aymer, & que hardy ie mette
En vn si beau suiet, ce que i'espere icy.
Mais si le Ciel benin à mes desseins propice,
Fait que vous receuiez vne fois mon seruice,
Vous touchant du soucy que me faites sentir:
Ie me veux perdre en vous, & en mon heur extresme
Vous tesmoigner l'ardeur dont mon ame vous aime
La laissant en vos mains pour y viure & mourir.
Si donc quelque pitié vous a iamais saisie,
Et si ne puis heureux m'asseurer de ma vie,
Destinez d'vn clin d'œil la suitte de mon sort.

Car comme vous voudrez que ie viue ou ie meure,
Que mes momens soyent ans, & tout mon temps vne heure,
I'auray pour agreable & la vie & la mort.

VII.

Ce sont vos yeux cruels causes de mon dommage
Qui meurtrissent mon cœur, & qui froissant mes os
Me priuent du bon-heur du coustumier repos,
Faisans de mes poulmons vn inhumain carnage.
Rien que vos yeux meurtriers ne mes en mon courage
Le soing melancolicq marque de mes trauaux,
Que l'esprit m'accablant, de mille & mille maux
Change ma paßion en furieuse rage,
Vos yeux sont mon malheur, & cependant mon ame
Languissant dedans moy, ne respire autre flame
Que les heureux rayons, qu'elle en va souspirant:
Ainsi d'vn beau malheur ma vie se contente,
Et n'osant esperer tandis que ie lamente
Il faut que par mes yeux ie viuotte en mourant.

VIII.

De fureur, de soucy mon ame tourmentee
Sous vostre cruauté, desire contre vn fer,
Caché dedans mon cœur, tresbucher en l'enfer,
Pour s'aller refraischir en l'onde Acherontee:
Mais lors que de tel soin ie la sens agitee,
Voulant dedans mon sang teindre vn mortel acier,
Vos yeux tiennent ma main, & me font desirer
La vie que i'en ay heureusement succee.
Et vous qui cognoissez qu'auec toute puissance
Vous maistrisez mon cœur, & cette belle essence,
Dont l'heureuse chaleur me fait viure icy-bas.
Vous vous iouez de moy, & d'vne bonne grace
Cruelle vous voulez ores que ie trespasse.

Et puis changeant de front vous ne le voulez pas.

I X.

Mes yeux ne sont plus yeux, leur essence est changee
En ruisseaux eternels pour plorer mon malheur,
Et mon sang n'est plus sang, mais las! cette froideur
Qui c'est presque desia de moy toute escoulee.
Ma vie n'est plus rien que cette humeur gelee,
Qui esteint mes esprits & la douce chaleur
Dont iadis ie viuois s'esloignant de mon cœur
Me laissant vn vain corps, de moy s'est enuolee.
Las! ie ne fusse plus n'eust esté qu'en mon ame,
Vos yeux ont ralumé vn peu de cette flame
Dont les heureux effects me font viure icy bas.
Et si quelque pitié ne vous touche maistresse
Pour en vser sur moy, au malheur qui me presse
Il me faudra tomber sous l'effort du trespas.

X.

Sot Democrit, si iamais en ton ame
Amour eut mis de ses graces le trait,
Tu n'eusses dit que de Rien Rien se fait,
Veu qu'vn rien cree & ma glace & ma flame.
Qu'ainsi ne soit des beaux yeux de Madame
Vn rien sortant, met en braise mon cœur,
Et mon cerueau fait voguer sur l'humeur
Du froid glaçon de l'amour qui m'enflame.
Là se meslant auec ses qualitez
Mille autres riens, par leurs diuersitez,
Prennent en moy vne forme seconde.
Qui alterant mon esprit & mon corps,
Dessous la loy de leurs riches accords,
Me font changer en vn amoureux monde.

XI.

I'adore vos beaux yeux & deteste l'horreur
De vostre cruauté, meurtriere de mon ame,
Et me desplaist de voir qu'vne si belle Dame
Auec tant de beautez loge tant de rigueur.
Las! s'il est destiné qu'à mon fatal malheur,
Vos yeux en mon humeur facent durer leur flame,
Permettez que ma main, mon triste cœur entame,
Pour chasser de mon sang, ma vie & ma douleur.
Ne me vaut-il pas mieux qu'vne heure bien-heureuse
Termine en vn moment ma vie langoureuse:
Qu'apres vous viuottant mourir cent fois le jour.
Laissez moy donc tuer : mais tuez moy vous mesme
Afin que plus constant dedans les mains que i'ayme
Ie laisse ma douleur, ma vie & mon amour.

XII.

Ie ne suis plus celuy qui respiroit la vie
De vos yeux, mon Soleil, ie ne suis qu'vn vain corps,
Amour qui m'a frappé de ses traits les plus forts
Pour triompher de moy, a mon ame rauie:
Mon esprit erre en bas en la plaine obscurcie,
Et mon corps au tombeau, croist le nombre des morts;
Ma vie sous l'horreur des meurtrissans efforts
Qui bourrellent mon cœur, de moy s'est departie
Ie suis l'ombre amoureux de vos rayons formé
Lors que de vos beautez chastement enflammé,
Ie tirois de vos yeux vne seconde essence.
Puis doncques que ie suis de vous seule animé,
Il faut que comme vous, de vous ie sois aymé
Ou pour le moins nourry d'vne iuste esperance.

XIII.

Ie ne veux plus aymer : car ceste flame ardante
Qui consomme mon cœur, m'agitte incessamment,
Sous la cruelle horreur de l'eternel tourment
Qui gesne sans repos mon ame impatiente:
Rien que peur à mes yeux ores ne se presente,
Ie suis rongé de soin de moment en moment,
Et sous le desespoir par trop cruellement
Amour conduit helas! le bien de mon attente.
Ha! feux qui allumez ce desir en mes os,
Vous esloignant de moy permettez au repos
De glisser en mon sang pour finir ma misere:
Non agreables feux, mais reuiuez tousiours,
Et redoublans heureux l'ardeur de mes amours,
Faites moy viure au mal du bon-heur que i'espere.

XIIII.

Vn barbare indomté qui n'auroit dans le cœur
Que le cruel desir qui pousse son courage,
A respandre le sang, appaiseroit sa rage,
S'il voyoit vos beaux yeux au fort de sa fureur.
Vn Cyclope noircy de la bruslante ardeur
Des soufflets eternels qui chauffent son ouurage,
Voyant de vos beautez la venerable image,
Osteroit de son front l'espouuantable horreur.
Si moy doncques qui n'ay la cruauté en l'ame,
Qui ne porte l'effroy de l'Aethneane flame,
Ie meurs vous regardant, ne vous estonnez pas,
Mais par vostre douceur egaler mon martire,
Et en prenant pitié de mon cœur qui expire
En languissant pour vous, sauuez moy du trespas.

XV.

Il me plaist de mourir s'il vous est agreable,
Ou d'vne triste vie allonger mon malheur,

Ainsi que vous voudrez ie veux que ma douleur,
Ou viuant, ou mourant, me rende miserable.
Ie ne veux point vous voir d'vn œil trop pitoyable.
Adoucir mon trauail, puis que par ma langueur
Vous auez du plaisir, mais ie veux qu'en mon cœur
Se loge pour vous plaire vne mort effroyable.
Ie veux chercher mon bien au sort de mon dommage,
Ie me veux affranchir sous mon cruel seruage,
Trouuant en mon malheur quelque contentement,
Puis qu'helas! vous voyez la force qui me gesne
Et sans faire semblant de cognoistre ma peine,
Par vn œil incertain vous doublez mon tourment.

XVI.

L'impatient espoir qui guide mon nauire,
Sous la sainte clarté d'vn astre bien heureux
De cet astre besson, dont les feux amoureux
Tirent de mes poulmons le vent pour me conduire.
L'escueil qui se presente à tous coups pour destruire
L'attente du bon-heur, dont ie vis langoureux,
Sont ioints incessamment sous le sort rigoureux.
Qui fait qu'en mon malheur, mon malheur ie desire
Ie me veux retirer de ce cruel Neptune,
Ie cognoy bien la fin de ma triste fortune,
Et toutesfois forcé i'acours pour y perir.
Helas! la cause en est si plaisante & aymable,
Que ie souhaite encor estre plus miserable,
Et pouuoir adorer l'œil qui me fait mourir.

XVII.

Iasie souspire en vain puis que sans esperance
Ie chemine à tastons par le sentier d'amour,

Tout ainsi que celuy qui priué de ce iour
Le desirant tousiours n'en a point la presence.
Sans poids ie vay leuant de mon sort la balance,
Qui ne s'arreste point, mais en son quart detour
Remuë incessamment, & detour & retour
Me monstre la fortune, en sa vaine inconstance:
Soit ce qu'il en pourra, i'aymeray la rigueur
Du tourment agreable, où demeure mon cœur,
Qu'ores l'espoir abuse, & ores reconforte.
En l'erreur de mes yeux, ie conduiray mes yeux,
En mon sort incertain, ie verray si les Cieux
Guariront la fureur du mal qui me transporte.

XVIII.

Au plus creux de mon cœur ie retien enfermee
La douce paßion dont ie vis icy bas:
Et de ces yeux diuins les bien-heureux appas
Font que dedans mon sang ma vie est animee,
D'vn si benin glaçon mon ame est enflammee,
De descords si plaisans ie resens les debats,
Par les effets d'amour, que ie ne voudrois pas
Esteindre cette guerre en mon ame formee.
Plustost ie veux tousiours renouueller en moy
L'agreable soucy de mon heureux esmoy,
Pour viure ainsi constant que mon cœur le desire,
Encores crains-ie, helas ! de mourir sans souffrir
La peine, & le souci qu'il me plaist de sentir
Adorant les beautez qu'en mon ame i'admire.

XIX.

De feu, d'horreur, de mort, de peine, de ruyne,
Iours, nuicts, ans, temps, momens, ie me sens tourmenté,
Et sous les fers meurtriers de ma captiuité,

Ie voy l'amour cruel qui mon ame ruyne.
Ie me perds de langueur, de douleurs ie me mine,
Ma vie fuit de moy par trop de cruauté,
Et de mortels desdains mon esprit agité
Sent le dernier effort qui ma vie termine.
Vous filles de la nuict, vous fureurs eternelles,
Vous qui froissez là bas dessous vos mains cruelles,
Les esprits eschappez du monde & de leur corps.
Chassez par vos rigueurs la rigueur de ma gesne
Et si la peine peut se chasser par la peine,
Faites fuir de moy par ma mort mille morts.

XX.

Perdez, froissez, tuez ceste ame vagabonde,
Qui delaissant ce iour cerche vostre manoir,
O puissances d'embas si vous auez pouuoir,
Sur les captifs d'amour qui desdaignent ce monde!
Vous esprits qui tousiours allez faisant la ronde
A l'entour de nos cœurs, taschans nous deceuoir,
Employez les secrets de tout vostre sçauoir,
Pour mettre en mon esprit vne peine seconde.
Fuyez esprits fuyez, vostre mort, vostre horreur,
Ploye sous les efforts de l'aueugle fureur
Qu'excite dans le sang vne rage amoureuse.
Tout vostre vain pouuoir n'a pouuoir sur l'amour
Ie veux donc qu'encor voir les douceurs de ce iour,
Flattant en mon malheur ma vie malheureuse.

STANCES.

TAndis que languissant pour vos fieres b eau-
tez
Ie sens dedans mon sang le soin qui me tourmente,
Ie n'ay deuant les yeux que mille cruautez
Qui deschirant mon cœur sont la derniere atten-
te
Du bien-heureux loyer de mes fidelitez.

Le triste desespoir qui bourelle mon cœur,
Me presse incessamment sous l'ardeur de ma pey-
ne,
Car d'vn ciel desdaigneux la mortelle rigueur,
Pour redoubler en moy les tourmens de ma gesne,
M'a fait naistre ça bas suiet à tout malheur,

Les extresmes soucis dont ie suis tourmenté
Font sortir de mes yeux vne source eternelle
Pour pleurer les ennuis, dont ie suis agité,
Et pour me ruyner dans mon ame fidelle,
Agrauent les rigueurs de vostre cruauté,

La mort de tous costez pres à prez me poursuit,
Redoublant les douleurs de mon cruel martyre,
Et son trait inhumain peu à peu me destruit,
Ores que malheureux ma langueur ie souspire
Attendant les horreurs d'vne derniere nuict.

La peine, le desdain la perte, la douleur
Du desespoir, du ciel, de mes pleurs, de mon ame,
S'aigrissent dedans moy & doublent ma langueur,
Cependant qu'adorant la beauté qui m'enflame,
Ie sens dedans mes os leur sanglante fureur.

Ainsi pressé de mal ie me sens ruyné,
Sans oser m'asseurer qu'en ma perseuerance

Ie voye mon tourment quelquefois terminé,
Car il faut qu'en aymant ie n'aye autre esperance
Qu'au malheur amoureux où ie suis destiné.

XXI.

De pleurs & de sanglots ie nourriray ma vie,
En ma peine & trauail ie prendray mon plaisir,
Attendant que la mort vienne mon cœur saisir,
Ie gesneray mon ame où elle est asseruie.
Ie me veux obstiner en ma peine enuieillie,
Ie veux par mon ennuy contenter mon desir,
Dans quelque antre ie veux ma retraite choisir
Viuant en la douleur dont mon ame est saisie.
La cause de mon mal est si douce à mon cœur,
Que ie ne voudrois pas euiter mon malheur,
Pour oublier l'ennuy qui fait que ie souspire.
Que doncques mille fois ie meure chasque iour
Que ie perisse heureux sous les forces d'amour,
Et que tousiours ie sois pressé de mon martire.

XXII.

Si ma mort vous plaisoit par vn sort fauorable
Ores ie perirois, pour vous monstrer l'honneur
Que ie vous veux porter, encores qu'en rigueur,
Maistresse vous teniez mon ame miserable.
Ie ne possede rien qui soit tant desirable
A mon ame, que l'œil par qui i'ay pris l'humeur
Des vostres pour ma vie, & toutefois mon cœur
Le hait si vous n'auez sa lumiere agreable.
I'aime ce qui vous plaist, ie hay ce qui vous fasche
Afin de vous complaire incessamment ie tasche
De regler mes pensers selon vostre vouloir,
Si donq ma mort vous plaist, donnez m'en tesmoignage
Et pour vous obeir plain de braue courage

Vous me verrez passer l'onde du fleuue noir.

XXIII.

I'auois iuré tes yeux, ingrate desdaigneuse,
De me sacrifier aux pieds de ta beauté,
Ie t'auois pour iamais iuré ma loyauté
Et de mourir ton serf en ma peine amoureuse.
Mais ores ie te laisse, afin qu'vne heureuse
Me rendant en repos ma chere liberté,
Loin du cruel desdain duquel tu m'as traité
Ie guide à meilleur sort mon ame langoureuse.
Ha! te diray-ie adieu! non, helas! si feray,
Non ie demeureray, non, ie te laisseray:
Car te seruant i'aurois tout mal pour recompense.
Mais helas! ie ne puis, ma vie te laisser,
Tue moy si tu peux: car ma perseuerance
Auant que t'oublier me fera trespasser.

XXIIII.

Ie change de desirs, non pas de volonté,
Ie change de fortune, & non pas d'esperance,
Ie change de conseil, & non pas d'asseurance,
Ie change de liens, non de captiuité.
De mourir pour vos yeux mes desirs ont esté
Et ma fortune estoit en mon mal patience,
Mon conseil de perir sous vostre obeissance,
Mes liens les rigueurs de vostre cruauté.
Et maintenant ie veux viure pour vos beaux yeux,
I'espere de trouuer en vous aymant mon mieux,
Asseuré du loyer de mon heureux seruage,
De vos perfections eternel seruiteur,
En vn meilleur estat, ie change mon malheur,
Et ie change constant sans changer de courage.

XXV.

Ie veux brauer le sort, & ie luy suis suiet,
Ie veux forcer le ciel, & il peut sur ma vie,
Ie veux contraindre amour, il m'a l'ame asseruie,
Ie veux vaincre la mort, & ie suis son obiet.
Ie le veux d'vne sorte & par diuers effets,
Vous le voulez aussi, moy par la douce enuie
Qui rend sous vos beautez mon ame assuiettie,
Et vous vsant vers moy d'vn amour trop discret.
Ie me moquois du sort, il m'a monstré sa force,
Le ciel m'a maistrisé & l'amoureuse amorce
M'a mis iusques au cœur les horreurs de la mort.
Mais vous esprouuerez & vaincrez la puissance,
De la mort, de l'amour, & du ciel, & du sort,
Selon que vous aurez conduit mon esperance.

XXVI.

De cet œil mon soleil mon ame s'illumine,
De ce beau front mon ciel mon destin ie cognoy,
De ces chastes beautez la vie ie reçoy,
De ces perfections mon bon-heur ie termine.
Cet œil par la douceur de sa force diuine
Met en moy les desirs que chaste ie conçoy,
Et par ce front diuin heureusement ie voy
Quel sort bon ou mauuais sur ma vie domine.
Ces beautez que i'adore entretiennent ma vie,
Et ces perfections ont mon ame rauie,
Au bien-heureux suiet de ma felicité.
Que puissay-ie à iamais en pensée si belle,
Souspirer les douceurs d'vne vie eternelle,
N'ayant d'autre soucy le courage agité.

XXVII.

I'ay le courage foible & l'ame audacieuse,

I'ay l'effroy dans le sang, la valeur dans le cœur,
Ie bous de hardiesse, & ie tremble de peur,
Sous les diuers effets d'vne force amoureuse.
I'ay le courage fier, i'ay l'ame desdaigneuse,
Ie froisse sous mes pieds de l'amour le malheur,
I'ay le sang amoureux, le cœur plein de douceur
Benissant à part moy ma paßion heureuse.
Tant de diuersitez agitent ma pensee,
Lors que diuinement d'vn beau cachet pressee
Elle prend le patron de vos diuinitez.
Voyez doncques Madame en moy vostre puissance,
Et changez pour loyer de ma perseuerance:
En vn but arresté tant de diuersitez.

XXVIII.

Ie vous donne mon cœur, non fay, rendez le moy,
Si ie viuois sans cœur ie viurois sans courage,
Et ainsi ie serois comme vne vaine image,
Sans valeur, sans desirs sans puissance, sans foy.
Sans cœur on a tousiours dedans le sang l'effroy,
Ie veux donc le rauoir, & encor dauantage
Ie veux le vostre außi, vous estes assez sage
Pour viure sans douleur, sans crainte, sans esmoy.
Ainsi ayant deux cœurs mes forces doubleront,
Les astres & le sort ma valeur douteront,
Et me lairont conduire heureux ma destinee.
Mais gardez-les tous deux, car i'en auray assez,
Si vous aymez le mien, & l'aymant vous tracez
La vie qu'en vos yeux les cieux m'ont ordonnee.

XXIX.

Mes feux sont außi doux que ma maistreße est belle
Mes celestes desirs esgalent ses beaux yeux,

Au pris de sa douceur mon mal m'est gracieux,
Et ma douleur est grande autant qu'elle est cruelle
Plein de felicité ie me brusle pour elle,
Par ses chastes rayons ie me transporte aux cieux,
Par sa rigueur i'en tombe & puis tout furieux,
Ie consomme mon cœur d'vne peine eternelle.
Par sa beauté ie suis heureux infiniment,
Par sa fierté ie suis blessé cruellement
Du bien heureux malheur, que pour elle ie traine,
Ainsi en l'adorant ie meurs pour sa beauté,
Mon heur double mon mal dessous sa cruauté,
Et ses yeux doux & fiers sont cause de ma peine.

XXX.

Mon cœur que tu es belle, hé! te l'osay-ie dire?
Tu ne le sçais que trop, non tu ne le sçais pas,
Si tu cognoissois bien les amoureux appas
De ta douce beauté, tu plaindrois mon martire.
Ha! que tes yeux sont beaux dont mon ame souspire
Les esprits dont ie vy, qui causent mon trespas,
Que douce en est l'ardeur qui par mille debats
Oste de moy mon cœur, l'y remet, l'en retire.
Recognois ta beauté recerches-en l'essence,
Recognois le destin qui fait qu'en ta puissance,
Ie vine, ie trespasse en langueur nuict & iour,
Et si tu peux sçauoir combien elle m'est douce,
Combien a de pouuoir la force qui me pousse,
Tu croiras que tu dois m'aymer pour mon amour.

XXXI.

Voulez vous voir mon cœur, ouurez moy la poictrine,
Vous y verrez les traits de vos rares beautez,
Vous verrez en mon sang mille diuersitez.

Esmeu

Esmuës par l'amour qui par vous y domine.
Vous y verrez l'ardeur de ma flame diuine.
Vous verrez tout auprez mes poulmons agitez,
Qui souspirent pour vous, & mille cruautez
Exciter la rigueur qui ma vie termine.
Mais las arrestez-vous, vous n'y pourriez rien voir,
Car la mort aussi-tost ayant sur moy pouuoir
Effaceroit l'effet du desir qui m'enflame.
Regardez mes souspirs, vous y verrez mon cœur
Vos beautez mon amour, vos rigueurs ma douleur
Et soyez humble aux pleurs que vous offre mon ame.

XXXII.

Ha que cet œil est beau, ie meurs quand ie l'admire,
Ha qu'il me fait de mal, ha qu'il me fait de bien,
Hé! que doux & amer est le foible lien,
Dont si estroitement par sa force il m'attire.
Helas! qu'il est cruel il cause mon martyre,
Car plus il me destruit lors que plus ie suis sien,
Hé! que ses feux sont doux, au monde il n'y a rien
D'agreable & de beau, que l'air que i'en respire,
Hé! maistresse attendez, attendez ma Deesse,
Ne me cachez encor ce bel œil qui me blesse:
Mais quoy, vous estes fiere au reson de mes pleurs.
Vous me le destournez & puis douce cruelle,
Me le faisant reuoir d'vne belle estincelle
Vous allumez en moy vn million d'ardeurs.

XXXIII.

Cachez moy ce bel œil: car il m'oste la vie,
Helas! ie suis perdu en perdant sa clarté
Las! ie suis consumé aux feux de sa beauté,
Helas! en le perdant, mon ame est obscurcie.
Ie ne le verray plus, & si ie meurs d'enuie
De le reuoir encor plus i'y suis arresté,

Plus alors ie voudrois m'en trouuer escarté,
Plus mon ame le fait, plus elle en est rauie.
Ie mourray le voiant, non ie ne mourray pas,
Ie mourray m'absentant de ses heureux appas,
Non feray, si feray: mais lequel doys-ie faire?
Mourir en le voyant c'est mourir sans mourir,
Mourir en le perdant, c'est en la mort languir:
Il vaut doncq' mieux seruir le bel œil qui m'esclaire.

XXXIIII.

Par mille cruautez amour me tyrannise,
Et des horreurs de mort il estonne mon cœur,
De souci, de tourment, de peine, de douleur
Il m'agite, destruit, me trauaille, me brise.
Ainsi qu'vn prisonnier qui desire franchisse,
Ie tasche de fuir de mes seps la rigueur,
Et par quelque malheur finissant mon malheur,
Mon ame deliurer des nœuds où elle est prise.
Ie romps doncques mes seps ie denoue mes nœuds,
I'estains pour tout iamais les brasiers de mes feux,
Despitant de l'amour l'insolente puissance.
Mais bandeau furieux retire toy de moy,
Qu'amour soit doux ou fier si tiendray-ie ma foy,
Car i'ay iuré de viure en son obeissance.

XXXV.

Retirez cette main, elle me fait mourir,
Hé! redonnez-la moy pour me rendre la vie,
Helas! retirez-la, non faites ie vous prie,
Car ie veux vif & mort ny vif ny mort languir.
Ces petits doigts rosins qui me viennent rauir
L'ame hors de mon sang, doublent en moy l'enuye
De souspirer pour eux, & cette main polie
En la sentant assure & estonne mon cœur.
D'vn touchement si doux glissant dessus mon ame

Elle excite le feu qui par vos yeux m'enflame,
Et causent les douceurs de mon heureux tourment.
Et puis, radoucissant la force de ma peine,
Cruelle m'allegeant mignardement me gesne,
Au plaisant desplaisir de mon contentement.

COMPLAINTE

D'vn triste desespoir ma vie ie bourrelle,
Ie la veux obscurcir d'vne nuict eternelle,
Puis que ie suis si loin de mon heureux soleil,
Car sans ame ie vy, sans poumon ie respire,
Et absent de mon bien mon douloureux martyre
Ensevelit mon cœur sous l'oublieux sommeil.
Ie vy, ie ne vy pas, ie meurs, ie ne meurs p[as]
Il n'y a point de vie, il n'est point de trespas,
Mais vn ingrat destin sans cesse me tourmente:
Car ie ne puis mourir pource que ie suis mort,
Et ie ne suis pas mort, pour autant que mon sort
Fait qu'encores dans moy vn vain esprit ie sente.
Ie ne suis pas viuant pour autant que mon cœur
Ne reçoit mouuement, puissance ny chaleur,
Que des heureux brasiers que l'amour y attise:
Ie ne suis pas esteint, ie ne fay que languir
Pressé de mon tourment: car ie ne puis mourir,
Si loin de la beauté dont la vie i'ay prise.
Esloigné de mon feu ie ne puis m'attiser,
Esloigné de ma mort ie ne puis expirer,
Ainsi faut que ie viue & faut que ie trespasse,
En ma vie est ma mort, en mon bien ma douleur,
En ma nuict ma lumiere, en mon mal mon bon heur.
Ainsi mon sort diuers mesme soin me compasse.
Celle qui a rauy par sa force mon cœur,
Qui le fait viure en moy par sa douce rigueur,

Et qui par ses beaux yeux humble fiere le tuë,
L'oste cruellement, le remet doucement,
Me l'arrache humblement, me le rend fierement,
Gouuernans mes destins d'vne sorte incognuë.

Ie veux en mon ennuy fondre en larmes de feu,
Et dans mon feu glacé consumer peu à peu,
Tirant de mes poulmons par torrens mon alleine,
Ie veux sans m'espargner distiler en humeur,
M'esuanouyr en air, au fort de ma chaleur,
Pour n'estre n'estant point vne semblance vaine.

Ie veux estre vn beau mort viuant entre les morts
Mourant entre les vifs par les cruels efforts
Du sort ineuitable à mes desirs contraires,
Et comme on iette au loin ceux qui sont trespassez,
Ie fuiray aux desers tant que mes nerfs cassez,
Facent mourir d'vn mort, par la mort la misere.

Ie ne veux plus chercher au monde de pitié,
Ie ne veux plus loger en mon cœur d'amitié,
Puis qu'elle cause en moy la cause de ma haine:
Si feray, la pitié encor ie chercheray,
Pour en fin estre aymé encores i'aymeray,
Possible en ce faisant i'adouciray ma peine.

Non, non, ie veux perir, car d'vn destin heureux
Tesmoignant à iamais mon dommage amoureux,
Ie viuray par ma mort, ie mourray par ma vie,
Vn dernier desespoir mon cœur consolera,
Et contente à la fin mon ame sortira
Des seps qui si long temps l'ont tenuë asseruie.

Larmes toutes de sang monstreront ma douleur,
Les visibles souspirs des fragmens de mon cœur,
Seront iustes tesmoins du malheur que i'endure,
Mes cris remplis d'effroy petits corps deuiendront.

Qui soin, mort, crainte, horreur, aux hômes monstrerôt
Tant que ie trameray ma cruelle auanture.
Le ciel seche mes pleurs, humecte mes souspirs,
Mes cris sont emportez sur l'aisle des Zephirs,
Et ie lamente en vain en ma peyne ennuyeuse,
Pourquoy par mon soucy me rends-ie furieux?
Las! pourquoy tant de pleurs escoulent de mes yeux
Si ie ne rends par eux ma fortune piteuse?
Mes souspirs sont si doux, ie lamente si bien,
Et toutesfois mes pleurs ne me profitent rien,
Car vn sort enuieilli s'aigrit en ma detresse,
Que ie poursuiue donc & d'vn gentil desir,
Brauant le fier destin, ie viue pour mourir,
Et meure pour encor viure pour ma maistresse,
Quand ie seray perdu, on me regrettera,
Et ce petit regret que de moy on aura,
Si possible on en a contentera mon ame,
Ie vay doncq' és desers mort attendre la mort,
Me souuenant tousiours de l'agreable sort
Des effets bien heureux de ma plus chaste flame.
En fin bois & rochers où ie fay ma complainte,
Lors que pressé de mal dont mon ame est atteinte,
Ie me consume en pleurs, en douleurs, en souspirs.
Celez-moy, perdez moys & dessous vos tenebres,
Amortissant le son de mes plaintes funebres,
Esteindez mon amour ma vie & mes desirs.

Finissant ie ne fais fin
Au destin:
Qui fait qu'en vos yeux ie vi[...]
Ie finis pour faire mieux
Si vos yeux
Permettent que ie poursuyue.

DISCOVRS SATIRIQVE DE N. LE-DIGNE.

A F. B. DE VERVILLE.

Erville Ie me ris de voir sous Apparence
Pesle-mesle en vn tas, l'honneur, & l'ignorance,
Les biens, & la sottise, & sous vn masque feint
Le faux dessus le vray, si naifuement peint.
L'vn trouue bon cecy, l'autre facheux ne trouue
Selon son iugement ce que quelque autre approuue,
Tout est icy remply d'esprit autant diuers
Que de diuersitez est remply l'vniuers,
Tellement que l'effort d'vne Muse subtile,
Pour contenter chacun est du tout inutile.
Mais ne pouuant gaigner quelque grace enuers tous
Ie serois bien d'aduis de rechercher en nous,
Nous mesmes du plaisir sans vainement l'atendre,
Du vouloir d'vn commun, dont il ne doit despendre.
Quand à moy ie me ris de ces tristes humeurs,
Qui donnent tant de peine a gaigner leurs faueurs

Et qui tous reformez, difficiles, & blesmes,
Ne trouuent rien bien fait que ce qu'ils font eux mesmes
Ne trouuent rien de goust que leur desgoutement:
Et qui iugent de tout d'vn mesme iugement:
Sans pouuoir discerner le plus d'auec le moindre,
Sans cognoistre à propos où le but se doit ioindre,
Sans auoir rien solide, ils veulent rechercher,
Et cognoistre de tout & de tout s'empescher.
S'ils sont sus vn vers doux, duquel la douce veine
Semble le clair ruisseau d'vne belle fontaine
Qui sans faire grand bruit, pour gaigner vn grand nom,
Ne laisse demonstrer qu'il est de graue surjon,
Ceste mesme douceur naturellement claire
Ne leur vient pas à gré, & ne leur sçauroit plaire
S'ils sont sus vn vers graue, & qui enflé de vent
N'ait rien que de seuls mots sans suiet, bien souuent
Ils le trouueront bien, & fait à leur maniere,
Sans entendre le sens, les mots, ni la matiere.
Pour tous ces iugemens vn homme à mon aduis
Ne doit pas de beaucoup trauailler ses esprits,
Car ce seroit chercher du froid dedans la flame,
Du brasier dedans l'eau, de l'ombre apres vne ame,
Du solide en du vent, & bref perdre le temps,
Que penser contenter ces esprits mal-contens.
De moy, ie croy que ceux qui font bien quelque chose
Se soucient fort peu de ceste humeur morose,
Et moins encor de ceux qui ne trouuent rien bien,
S'il n'y a mille mots où l'on n'entende rien:
Qui pour perpetuer le nom de leur maistresse,
Luy donnent les fureurs d'vne vieille tigresse,
Les horreurs de la mort, & font qu'vne beauté

N'a point d'autres effets que rage & cruauté,
Que feu, que fer, que mort, qu'orage, que tonnerre
Et ie ne sçay quels mots plus propres à la guerre
Au creux d'vne trompette, ou au fond d'vn tambour
Que non pas aux discours qui ne se font d'amour
Ceux qui bruyent ainsi d'vne voix forcenee
Plaine d'effrois, de pleurs, de fiere destinee,
N'ayant rien qu'vn amour à la rage animé,
Ont fort peu, (ce me semble) où n'ont iamais aimé
Mais se fantasians vne dame en Idee,
Sur vn suiet en l'air leur amour est guidee,
Qui n'estant rien de soy qu'imagination,
Ne peut monstrer le vray de leur affection.
Car discourans d'amour souuent comme clercs d'armes
Pensent qu'amour ne soit que souspirs, & que larmes
Que sanglots, & tourmens, qu'importune douleur,
Et tout celà prouient de n'auoir eu cest heur
De choisir vn suiet, pour d'vne ardeur certaine
Sentir au vif le doux d'vne agreable peine.
Or entre les caiets qui croissent tous les iours,
Chacun se veut mesler de faire des amours,
Où tant de braues noms hardis se font paroistre,
Mais il est bien aisé Veruille de cognoistre
Ceux qui d'vn vers forcé ont imité quelqu'vn,
Ou retracé les traits des amours du commun,
Car sans auoir iamais accosté vne dame,
Discouru auec elle, ou descouuert sa flame,
Sans hanter les bons lieux sans estre sur vn huis
Quelquefois tout vn soir en honneste deuis,
Passer la nuict au bal oublier ses affaires,
Et tant d'autres suiets en amour necessaires.

Ie ne croy pas qu'vn homme au creux de son cerueau
Puisse trouuer les traits de quelque œuure assez beau
Il n'est rien si naif ny si belle science
Que les traits esprouuez de quelque experience:
Car il est mal aisé que ce qu'on ne cognoist,
On le puisse aisement descrire tel qu'il est.
Mais ceux qui bien heureux d'vne gentille adresse
Ont seruy par effet quelque belle maistresse
Qui d'vn heureux meslange ont doucement apris,
Et le bien & le mal de tous les fauoris,
Dessus vn vray suiet ils font anatomie
De la moindre faueur que peut faire vne amie:
Et discourant sans fard sçauent si bien priser
Ceste vraye douceur qu'on trouue en vn baiser,
Que dans leurs vers si doux qu'vne beauté auiue,
L'on voit l'affection d'vne amitié naifue,
L'on cognoit les desirs, l'on voit ie ne sçay quoy,
Qui sent la mignardise, & la douceur de soy.
Que sert en cas d'amour pour se bien faire entendre
D'aller cercher des mots dessous la froide cendre
Des ruines d'Ilion & pour monstrer son feu
Lancer de Iupiter le foudre trop cognu
Lors que le ciel troublé esclatant tout de foudre,
Semble auoir coniuré de mettre tout en poudre,
Qu'il tonne, qu'il esclaire, & d'vn esclair to[illegible]roux,
Semble que tout le monde est ce dessus dessous
Le bruit n'est point si grand, ny l'effroy tant horrible,
Que l'amour de plusieurs maintenant est terrible,
Cruel ensanglanté, qui met tout en monceau
Et tire d'vn beau sang vn inhumain ruisseau.
Vn orage de pluye, vne soudaine gresle,

Ne tombe si menu, & n'est point si cruelle,
Que les traits descochez de ce ieune enfançon,
Que fait d'vn pauure cœur la peau d'vn herisson,
Tant il tire de traits & tant sa m[illegible] colere
Descoche viuement la sagette legere.
La mer n'a iamais eu tant de flots escumeux,
Le creux du mont-Gibel ne fut onc si fumeux,
Et iamais nautonnier ne vit telle tempeste
Qu'vn miserable amant sent de trouble en sa teste,
D'orage, & de dangers, de tristesse, & de dueil,
Il n'est si tost en mer, qu'il ne trouue vn escueil
Que son mats ne se rompe, ou bien que son nauire
Dans vn gouffre douteux cent fois ne tourne-uire,
Et si le plus souuent ceux qui cherchent ces mots
N'ont iamais veu la mer, ny l'horreur de ses flots.
Vn lion affamé qui trace par la voye
Ne s'acherne cruel si fort sur quelque proye,
Et si plain de fureur ne prend ses appetis
Au sang d'vn fan de biche, ou d'vn cheureuil surpris,
Comme ce petit Dieu, d'vne cruelle rage
Se repaist goulement du sang & du carnage,
Des miserables cœurs, & qui tout inhumain,
Mille fois pour vn iour y vient passer sa fain.
Or ie sçay bien qu'amour, & la peine amoureuse
Sont, pour dire le vray, d'vne humeur fort fascheuse,
Il est bien peu de maux semblables à ce mal,
Il est peu de trauaux pareils à ce trauail,
Il n'est feu si bruslant que bruslante est sa flame,
Il n'est rien qui tourmente, & gehenne plus vne ame:
Mais pour monstrer au doigt qu'elle est sa passion,
Vn amant ce me semble en son affection,
Sans tant faire de bruit, d'horreur & de furies,

Sans tant importuner le ciel de ses criries,
Et sans tant rechercher la douleur des vieux Grecs,
Peut d'vn vers doux coulant declarer ses regrets,
Et faire entendre à tous par vn chant pitoyable
Languissant tristement son estat miserable.
Celuy esment le mieux qui sçait mieux exprimer,
Et celuy qui s'exprime entend que c'est d'aymer,
Car sans tant desguiser le mal qui le tourmente,
Il monstre clairement le but de son attente,
Puis s'il est bien venu, & que plein de bon-heur
Il sente quelquefois quelque douce faueur,
En la mesme facon qu'il mignarde, & qu'il baise,
Auec les mesmes traicts, dont il se comble d'aise,
Auec la mesme grace, & les mesmes plaisirs,
Auec les mesmes feux, & les mesmes desirs,
Auec mesmes discours, & la mesme parolle,
Il chante la douceur qui encor le raffolle:
Et quelque fois si bien, que quelqu'vn par apres
Voyant la mignardise imité de si pres
Lit ses vers etonné, & confesse en soy-mesme
Que de l'affection que l'autre aymoit, il ayme.
Bien souuent vn bon mot entendu proprement,
Le mal, ou le plaisir descrit naifuement,
Sont bien de plus grand poix, qu'vn tas de mots sans nombre
Qui ne s'expliquent, point, & ne seruent que d'ombre:
Et lesquels bien relus, l'on ne scait qu'on a leu,
Tenans du naturel de l'esclair tout en feu,
Qui fait monstrer de luire au sortir de la nuë,
Mais au lieu d'esclairer obscurcit nostre veuë.
Quand il est question de dresser en camp clos
Les furieux combats de quelques grands Heros,

Lors il est bien decent de faire que tout tonne,
De voir l'horreur d'vn Mars, l'effort d'vne Belonne,
Les coups, les cris, le sang, que tous les elemens
Semblent pesle-meslez en leurs commencemens,
Voir ruer si grand coup le pesant Cimeterre
Qu'il entre de roideur demy-pied dedans terre.
L'on ne sçauroit trop dire en si graue discours,
Mais l'effroy n'est point propre auec les ieux d'Amours,
Vn amant est craintif & doute la surprise,
Il n'ayme pas le bruit, vne belle entreprise
Se retarde souuent au simple bruit d'vn huis,
Il veut estre à reçoy pour conter ses ennuis,
Il faut que doucement il prenne patience
De donner de son mal la vraye intelligence.
Le fameux aduocat qui ne veut s'amuser
A faire vn long discours pour mieux s'autoriser,
Tasche a venir au poinct, & sage ne propose
Que clairement en bref ce qui fait pour sa cause.
Il est par trop facile, à vn qui sçait parler,
De faire sur vn rien de beaux discours en l'air
Trouuer de beaux suiets, feindre des fantasies,
Mais qui sont quelquefois ainsi que les vessies
Ces petits garçonnets, qui ne peuuent durer
Que le temps que la peau peut le vent endurer,
Et qui fasche à la fin des enfans de courage,
Pour n'estre à leur iouet d'aucun certain vsage.
Le peintre pour plaisir qui veut faire vn tableau
Selon l'inuention de son libre cerueau,
Sans suiet, sans histoire, & sans viue figure,
Peut ainsi qu'il luy plaist desguiser sa peinture,
Au coin d'vn bon taillis, il mettra bien souuent

Vn Satire amoureux, qui va comme le vent
Apres les pas craintifs d'vne simple bergere,
Il peindra vn Centaure, vn Ours, vne Chimere,
Vn Neptune, vn Bacchus, des bleds, des prez, des fleurs
Et pourueu que le tout rapporte à ses couleurs,
Pourueu que la raison de son art soit gardee,
Qu'il voye d'vn doux trait sa besongne fardee,
Tout est bien ce luy semble, & ne se soucie point,
S'il poursuit comme il faut vne histoire en tout point.

Tout ainsi ces messieurs, qui ont l'ame eschauffee
Des vertueux desirs de l'honneur d'vn trophee,
Qui viuement poussez des fureurs d'Apollon,
Sur l'immortalité vont buriner leur nom,
Frayant mille sentiers sus vn mont de Parnasse,
Cherchant l'antique nom de tous les coins de Trace,
Mesprisans leurs pays, pour trouuer par les mers
Les embellissemens de leurs hauts tonnans vers,
Comme le peintre oisif, selon leur fantasie
Tantost çà, tantost là poussans leur poësie,
Pensant auoir beaucoup fait de cracher sans propos,
Le sens mal entendu de mille estranges mots:
Et pour faire leuer du soleil la lumiere
Abondans en discours prendront tant de matieres
Qu'escriuains le matin pour monstrer leur sçauoir,
Seront le plus souuent du matin iusqu'au soir.
S'il deuisent d'amour, ou sont pres de leur dame,
Ils seront mille pars des parties de l'ame
Pour tomber sur l'amour, & dire seulement
Que tout homme afligé cerche soulagement.

Or tous ces beaux discours ne craignent le mesdire,

Car ils ont pour raison qu'il leur plaist d'ainsi dire.
Comme pour son tableau le peintre peut aussi
Donner pour sa raison qu'il luy plaist faire ainsi:
Mais quant il faut qu'vn peintre asseurement rencontre
Les traits au naturel c'est alors que ce monstre
L'artifice & l'esprit car ce n'est pas assez,
De bien faire des yeux, vne bouche & vn nez,
Et meslant les couleurs d'vne main delicate
Peindre vn ombre si bien que d'vne chose plate
L'on pense voir la bosse en hauteur s'esleuer,
Outre tous ces beaux traits encor il faut trouuer
Vn ie ne sçay quel air qui vient ou d'auenture
Ou du profond secret des faueurs de nature
Pour bien donner le vif, & faire ressembler,
Et d'autant que fort peu sçauent trouuer cest air.
Celuy qui le sçait mieux cacher en son ouurage,
Est trop plus estimé, que celuy qui volage
Fait quelques trais bien doux sus vn plain à plaisir.
Et ne sçauroit pourtant le naturel choisir.
Entre les bons esprits celuy là ce me semble
Qui s'esgare le moins, au bon peintre ressemble.
Quand poussé de l'instinct de son affection
Il monstre le vray poinct de sa conception.
Ie ne dy pas pourtant que la muse hardie
De ceux qui font tonner la graue tragedie,
Pour effrayer l'esprit du craintif spectateur.
Ne doyue bien souuent se horribler d'horreur,
S'ensanglanter de meurtre, & d'vn cruel courage
Auoir pour tout suiet la frayeur & la rage,
La peur, la mort, l'effroy, les fureurs, les serpens,
Et tous les mots d'Enfer qui font peur aux enfans;
Coniurer de Pluton la puissance infernale,

Faire sortir afreux vn desesperé paste,
Qui ennuyé de viure, ou surpris de fureur,
Se donne malheureux d'vn poignard dans le cœur.
Lors celà sied fort bien : car vne chose grande
Veut vn grand appareil: mais amour ne demande
Tant & tant de façons, il ne fait point le grand,
Il ne veut point d'effroy, il n'ayme point le sang,
Il est paisible, & doux, & ses leures mignardes
Ayment mieux trois baisers, que trois harquebu-zades,
Les doux embrassemens d'vne chere beauté,
Que le meurtre assassin de quelque cruauté,
Vn discours gracieux fait tout bas en l'oreille,
Que mille cris soudains tous remplis de merueille,
Vn petit coup de main dessus vn sein mignard,
Que sentir en fureur la pointe d'vn poignard.
Mais tous ne font pas bien : & ceux qui mettent (peine
De faire des discours d'vne seconde veine.
Sont assez empeschez d'estre bien recognus,
Et bien souuent leurs vers sont assez mal receus,
Car comme la peinture au peintre est naturelle,
Ceux qui cherchent aussi la memoire eternelle
Ont beau se tourmenter, & faire curieux
Des discours si bien faits qu'on ne peut faire mieux:
Ils n'auront point de cours, & ne pourront pas plaire
Si d'vn certain destin la faueur debonnaire
Ne leur donne credit, & soustenant leur nom,
Au iugement de tous ne fait tout trouuer bon.
„ Le destin tout-puissant gouuerne toute chose,
Des richesses icy à son gré il dispose,
Et sans auoir esgard à qui l'a merité
Il depart à clos yeux selon sa volonté
Enrichissant le sot d'vne belle abondance,

Laissant pauure celuy qui ayme la science,
Et qui suiuant les pas d'honneur & de vertu,
Est souuent mal-nourry, mal couché mal-vestu.
Ainsi sans regarder celuy qui le merite,
Il oste quelquefois sa grace fauorite
Aux enfans d'Apollon, & fait par l'vniuers
Auec vn los prisé rebruire certains vers
Mal polis, & mal faits, desquels la renommee
Est de tout le commun toutesfois estimee,
Laissant sous l'espoisseur de l'oubly sombre & noir,
Des discours accomplis & d'art, & de sçauoir,
Qui doctement parfaits meriteroyent la place,
Et le siege plus haut du plus beau de Parnasse.
Mais quoy? c'est le mal-heur, ils sont infortunez,
Et aussi peu cognus que s'ils n'estoyent pas nez.
Celuy s'efforce en vain de faire quelque chose,
A qui le fier destin en contraire s'oppose,
Si d'vn secret bon-heur il n'a les cieux amis
Il s'attend sans propos à ses desseins compris.
Car si les cieux vouloyent departir fauorables,
Les biens & les honneurs à ceux qui sont capables,
Il faudroit maintenant le monde renuerser,
Pour d'vn siecle age-d'or les traits recommencer:
Il faudroit de nouueau refaire les partages,
Et prendre sur les sots, ce qui est deu aux sages.
Mais le sort inegal est sans proportion,
Et ne fait rien icy qu'à sa deuotion,
Si que sans mandier le bruit de la commune,
Il faut en toute chose attendre la fortune,
Ne trouuer rien mauuais, & d'vn ferme maintien
S'apprester pour suiect & du mal & du bien,
Se donner du plaisir de toute chose honneste,
Des iugemens d'autruy ne se rompre la teste:

Car qu'importe l'erreur d'vn cornu iugement
A celuy qui se plaist escriuant doctement?
Qui tout ainsi que toy, par vn bon heur, Veruille.
Sçais sagement mesler le doux auec l'vtile,
Et mignard contenter ton amoureux desir,
Si les discours d'amour te viennent à plaisir,
Puis graue rechercher la douceur de la vie,
Si tu veux voir l'effet de la Philosophie,
Où ton esprit gentil s'esgaye bien-heureux,
Laissant couler le fil de fortune & des cieux,
Cependant que ta muse heureusement te pousse
A te donner plaisir de sa douceur plus douce:
Sans auoir grand souci si quelques mal-contens,
Quelques vns qui iamais n'eurent iour de bon temps
Aboiront tes escrits, veu que toute ignorance
Ne hait que ce qui est hors de sa cognoissance.

LE PALLEMAIL.

Nous sommes trois passans qui demandons logis
Au moins pour vne nuict, chez vous mes damoyselles,
Et quand nous nous serons quelque peu rafraischis
Du lieu d'où nous venon vous dirons des nouuelles.

Nous venons d'vn pays où nous auons appris
Du ieu de Pallemail l'exercice agreable,
Dans les beaux promenoirs de la belle Cypris
Enuironnez de fleurs & tous couuers de sable.
Logez nous s'il vous plaist, nous vous dirons les loix
Qu'on pratique en ce ieu, l'allee & la maniere

Comme le mail doit estre, & de quel roide bois
La boule peut durer plus longuement entiere.
L'allee doit auoir vne iuste longueur,
Des bords aux deux costez pour garder que la boule
Ne se glisse dehors poussee de roideur,
Mais prenne le milieu cependant qu'elle roule.
Qu'elle soit ferme & seiche, & dressee vniment:
Car si elle estoit molle, elle seroit fascheuse,
On n'y pourroit mener la boule plaisamment
Telle incommodité la rendroit ennuyeuse.
Que les bords soyent tondus car si ils s'allongeoyent
Lors que la boule court, ils luy nuiroyent à tendre
Au chemin du milieu & si la retiendroyent,
Si bien qu'on ne pourroit aisement la reprendre.
Il faut pour bien iouer auoir vn mail bien fait,
Bien ferme par deuant, bien iuste en l'emmanchure,
Autrement il seroit à defaire suiet
Et donner bien souuent des coups à l'aduanture.
Il le faut assez gros & non pas trop aussi,
Ayant le manche fort & roide de nature,
Le trop long n'est pas bon, ny le trop racourci,
Mais tousiours le moyen fait frapper de mesure.
Pour la boule il faut prendre vn bois ny sec ny vert,
De la racine viue il faut qu'on le choisisse,
Et le faire durcir en quelque lieu couuert,
Pour estre fort & ferme, & en tirer seruice.
Quand on sera fourni de tout esgalement
D'vn mail bien amanché, d'vne boule bien forte,
Il faudra se dresser pour frapper iustement,
Et debuter du haut d'vne petite motte.
Si on ne frappe droit on ne fait gueres bien,
Et si l'on sort dehors on a beaucoup de peine
A se remettre en ieu, & si on ne fait rien.

Apres qu'on est sorty si sur l'herbe on se traine.
Il se faut en touchant tenir ferme en son lieu,
Et pousser roide & droit d'vne force animee,
En s'exerçant tousiours de prendre le milieu
Pour faire sans tourment en moins de coups l'allee.
Quand on a fait deuoir de tirer de grands co
Il faut prendre la boule en la leue creusee,
Et visant à l'archet la mettre droit dessous,
Car l'on n'acheue point qu'elle n'y soit passee.
C'est le plus grand plaisir que iouant deux à deux
Ioindre le Gentil-homme auec la Damoisselle,
Mais faut que l'homme soit si adroit & heureux,
Que donnant aduantage il soit aussi fort qu'elle.
Et faut pour cet effet qu'elle pousse souuent
Conduisant à l'egal tousiours son aduantage,
Toutesfois il est bon qu'elle nait le deuant
S'elle veut du plaisir à l'heure du passage.
Qui veut à ce beau ieu ioüer à son desir,
Ne hante lieux publics: mais les maisons honnestes,
Aux lieux par trop communs n'y a pas grand plaisir,
Car on est empesché des passans ou des bestes.
Nous vous auons tout dit, s'il vous plaist essayer
Ce que nous en sçauons, prestez-nous vos allees,
Nous fournirons du reste, & nous verrez frapper
Assez dispostement dix ou douze passees.
Et cependant sçachez, qu'ainsi que de vos mains
Le mail chasse à son but cette boule arrondie,
Aussi vos volontez forcent à leurs destins
Les plus heureux desirs qu'ayons en cette vie.
Et vous y exerçant voyez comme en rondeur
La boule se tournant, est la certaine image
De cette affection dont l'eternelle ardeur
Fait que nous vous ayons tousiours dans le courage.

L'ALCHEMISTE.

On dit qu'en ce païs les Dames ont enuie
D'entendre les secrets de la Philosophie,
Et pourtant moy ie veux leur estre seruiteur,
Pource que les sçachans des hommes n'ay que faire
Aux Dames seulement ie veux dire l'affaire,
Leur monstrant par effet de l'œuure la douceur.
En infinis endroits la matiere peut estre,
Qu'il faut diligemment en facultez cognoistre:
Car animale elle est, vegettant doucement,
Aussi pour subsister sa force est metallique,
Parquoy triple par soy sa vertu harmonique
Fait vne liaison d'vn iuste assemblement.
Cette matiere encor est & masle & femelle,
Et si n'est rien des deux, mais comme naturelle
Aux deux sexes elle est auecques son vaisseau,
Son alembic aussi en est vne partie,
Sa cucurbite en l'autre, & le cyment qui lie
Pour rien n'euaporer par le col le vaisseau.
Pour la bien preparer par vne flame douce
Naturelle de soy, il faut qu'elle se pousse
Pour son autre chercher, comme le fer l'aymant,
Les pareils naturels il faut conioindre ensemble
Par vn lien d'amour qui les choses assemble,
De nature excitant le formel mouuement.
Il n'en faut rien oster de peur de la destruire,
Mais faut pour s'en aider par vn bon sens l'estire,
Et la nourrir en soy sans en rien l'alterer,
Si ce n'est pour donner vertu à sa substance,
Qui dans soy tient de soy, par esgale balance
Ce qui luy faut par elle, en soy mesme adiouster.

Qu'elle soit animale, il est tresnecessaire,
Mesme de l'animal pour à l'animal plaire
Qu'elle soit vegetable, il faut pour la nourrir,
Et metallique aussi, afin que sa duree
Ne puisse en agissant estre tost terminee,
Si elle n'a ces trois on ne s'en peut seruir.

Ce qu'elle a dedans soy qui tousiours se vegette
Est la force qui rend nostre essence parfaite,
Est l'esprit de ce corps qui la matiere tient,
Ceste matiere en nous est liee & cachee,
Mais par vne sensible elle en est arrachee,
Et en se vegettant hors du corps l'esprit vient.

Elle n'est pourneant d'animale nature,
Car ainsi que viuante en soy-mesme elle endure
Et monstre ses effects par agitation,
Ainsi que le metail elle est ferme & conioincte,
Et quand de son semblable elle se sent attainte,
Elle affermit son tout par son esmotion.

A part elle se tient existant à par elle,
Mais seule & separee elle n'est naturelle
Comme quand elle est vne en sa conionction,
Car adonc le secret de nature se monstre,
Et par leur naturel qui force leur rencontre,
Se fait reuerberant la dissolution.

On ioinct premierement les qualitez ensemble,
Et l'esprit atractif esgalement assemble,
Pour ne faire qu'vn seul, ce qui se separoit,
Lors vn feu naturel qui la matiere excite
Par vn doux mouuement, les qualitez incite,
Pour allier en vn ce qui se desiroit.

Lors pour les calciner les corps on rarifie,
Et mettant au plus chaud la plus douce partie,
On les fait sublimer au naturel vaisseau,

Puis naturalisant tandis qu'en reuerbere,
Par inclination l'esprit vient a s'extraire
Duquel au long du filtre il faut distiler l'eau.
Ce faisant il conuient reserrer les parties,
Qui en se sublimant se rendroyent affoiblies
Si on ne les pressoit en la conionction,
Qui ne les vnissant doucement les enflame
Tant que dessous l'effet de sa derniere flame,
Soit cognu le plaisir de la proiection.
Pour ces œuures diuers ne faut tant d'artifice,
Que pense le commun, mais fortune propice
A ceux qui ont desir d'vn tel bien en leurs iours.
Ne faut plusieurs vaisseaux, fourneaux distilatoires,
Retortes, alembics, enfers, sublimatoires,
Charbon, ny marq, ny bois, mais le doux feu d'amours.
C'est assez voila tout, hors mis l'experience,
Mais si par ses raisons on ne sçait la science,
Et que quelqu'vn vueille en sçauoir iusqu'au bout,
Luy plaise que traitions ensemble la matiere,
Auec vn seul vaisseau, nous ferons l'œuure entiere
Et par vn instrument nous parferons le tout.

Sonnet à vne Dame sur son portrait.

Ny le subtil pinceau du Peintre ingenieux
Qui tiroit vos beautez, ny l'ordonnanse belle
Dont il sçauoit coucher la couleur naturelle,
Qui represente en vain les beaux traits de vos yeux,
Ny le tableau terrestre, ou ce qui est de mieux

N'est que l'ombre menteur d'vne essence eternelle
Ne nous peuuent monstrer ceste grace immortelle,
Ny la sainte beauté qu'ont mise en vous les cieux
Il faut pour bien portraire vne chose diuine
Vn tableau qui du ciel ait pris son origine,
De semblables couleurs, & vn pareil tableau.
Amour est le pinceau, les couleurs sont ses flames,
Le bien-heureux tableau vne infinité d'ames
Où est portrait au vif ce qu'auez de plus beau.

Quatrains aux Dames.

I.

Amour n'est-point l'effet qui trauaille le cœur
Il est venu du Ciel, du Ciel est son essence
Sur les celestes cœurs il monstre sa puissance,
Et en l'ame terrestre il loge sa rigueur.

II.

L'honneur & la vertu sont parens de l'amour,
L'amour est le bon-heur qui entretient le monde,
Et quand mesme on perdroit les beautez de ce iour
On trouueroit en luy vne vie seconde.

III.

Belles ne pensez pas que vos yeux soyent la cause
Ny vos autres beautez que l'on voit par dehors,
De nous brusler d'amour : vne plus sainte chose
Nous force à vous aymer que la beauté du corps.

IIII.

Quand toutes les beautez seroyent en vne mesme,
Elle n'auroit d'amour, sans amour la faueur,
Il veut pour estre aymé, que de bon cœur on ayme,
Si donc tu veux m'aymer ie te suis seruiteur.

V.

Cette fureur n'est rien, dont se trouue abbatu
Le fol passionné qui suit sa fantasie,
L'amour n'est point fureur, c'est vne douce enuie
Qui par les vertueux nous pousse à la vertu.

VI.

L'amour est le desir qui nostre cœur transporte
Apres ce qui est beau & sa puissance forte,
Nous contraint d'admirer ce qui par sa beauté
Nous semble se sentir de la diuinité.

VII.

L'honneur n'est point honneur si l'amour ne le fait
Tout manque sans amour : car l'amour seul peut faire
Ce qui peut icy bas, toutes choses parfaire,
Il parfait donc l'honneur qui parfait l'imparfait.

VIII.

La vertu fait l'honneur, l'honneur la vertu suit
Commme l'ame le corps qui seroit mort sans elle,
Ensemble ils sont liez de force mutuelle,
L'vn fait exister l'autre & l'vn par l'autre vit.

IX.

C'est abus de penser que les diuinitez
Errent par les forests sous diuerses essences,
Il n'y a point d'amour, deitez ou puissances
Errans en ces bas lieux que vos s[a]intes beautez.

X.

La beauté qu'ont en soy les dames d'icy-bas,
Sont les diuers appas
Qui par leur artifice
Nous monstrent la vertu, ou nous poussent au vice.

Fin des Souspirs amoureux.

www.ingramcontent.com/pod-product-compliance
Ingram Content Group UK Ltd.
Pitfield, Milton Keynes, MK11 3LW, UK
UKHW022142170726
13837UKWH00004B/1733

9 782329 246994